Imke Niewöhner

# Hunde, die bellen, beissen nicht?

## Gerüchte und alte Hüte rund um den Hund widerlegt

Kynos Verlag

## Kapitel 2:

## Kapitel 3:
## Gerüchte rund um die Hundeerziehung ..................... 36

# Kapitel 1

# Gerüchte rund um die Hundegesundheit

## 1. Hündinnen müssen einmal im Leben Welpen bekommen, sonst bekommen sie Gesäugekrebs oder Gebärmutterkrebs

Gerade in den ländlichen Regionen hält sich dieses Gerücht hartnäckig. Viele meiner Kunden fühlen sich geradezu gezwungen, ihre Hündin einmal werfen zu lassen und sind dankbar, wenn ich die wahren Umstände aufkläre. Gebärmutterkrebs ist bei Hunden eine eher seltene Erkrankung, während Gesäugetumore bei Hündinnen im höheren Alter regelmäßig auftreten. Durch eine einmalige Trächtigkeit mit anschließender Stillzeit kann aber kein Einfluss auf spätere Erkrankungshäufigkeiten festgestellt werden.

Sehr wohl gilt allerdings das Umgekehrte: Wenn Sie Ihre Hündin früh kastrieren lassen, also vor oder spätestens nach der ersten Läufigkeit, kann das Risiko für Gesäugetumore im Alter stark gesenkt werden.

Weiterhin besteht bei unkastrierten Hündinnen nach jeder Läufigkeit das Risiko, an Gebärmutterentzündung zu erkranken, was im Akutfall meistens eine risikoreiche Notoperation zur Folge hat. Dieses Risiko wird durch eine Kastration fast auf Null gesenkt. Bei jungen Hündinnen werden in den letzten Jahren vorzugsweise nur die Eierstöcke entfernt. Da bei einer Gebärmutterentzündung ein hormonelles Geschehen die Ursache ist, kann das Risiko für diese Erkrankung trotzdem in diesem Fall fast auf Null herabgesetzt werden.

Weiterhin gehört zu einer Aufzucht von Welpen weitaus mehr, als einfach die Hündin decken zu lassen. Wer Welpen großziehen möchte, sollte über ein großes Grundwissen rund um den Hund verfügen, viel Platz, Geld und Zeit haben, denn die Welpen müssen betreut, geimpft und entwurmt werden. Beide Elterntiere sollten den nötigen Gesundheitsuntersuchungen unterzogen worden sein, auch wenn es sich um Mischlinge handelt (siehe »Mischlinge sind gesünder als Rassehunde«, S. 10). Oftmals ist es schwierig, die Welpen in verantwortungsbewusste Hände abzugeben und passende Besitzer zu finden. Deshalb gilt: Züchten will gut durchdacht sein und vermehren sollten wir Hunde nicht.

## 2. Mischlinge sind gesünder als Rassehunde

Diese Meinung ist sehr verbreitet. Generell ist es natürlich so, dass Mischlinge über eine breitere genetische Basis verfügen, was die Häufigkeit von extrem seltenen erblichen Erkrankungen senkt. Problematisch ist aber die Tatsache zu sehen, dass die meisten Mischlingswürfe Unfälle sind, was bedeutet, dass weder Vater noch Mutter gesundheitlich untersucht worden sind. Auch die Welpen werden nur in den seltensten Fällen gesundheitlich untersucht. Somit stellt sich die berechtigte Frage: Sind Mischlinge wirklich gesünder, oder einfach nur schlechter untersucht?

In den Tierarztpraxen finden sich ebenso häufig Mischlinge mit den gängigen Krankheiten wie Rassehunde. Die »Erbkrankheiten«, die in diesem Gerücht den Rassehunden nachgesagt werden wie zum Beispiel die Hüftgelenksdysplasie (HD), werden nur in den seltensten Fällen bei Mischlingen diagnostiziert, da kaum ein Halter einen Hund ohne Symptome röntgen lässt. Somit ist dieses Gerücht nicht mit Statistiken zu widerlegen, aber die Erfahrung aus der Tierarztpraxis zeigt, dass Mischlinge ebenso viele oder wenige gesundheitliche Probleme haben wie Rassehunde.

## 3.
## Hunde brauchen nicht auf Hüftgelenksdysplasie (HD) geröntgt zu werden. Man kann beim Gehen sehen, ob sie darunter leiden oder nicht.

Es wäre schön, wenn es so einfach wäre! Hunde zeigen jedoch nur bei schweren HD-Formen schon im jungen Alter Symptome, die dazu noch vom Halter oftmals nicht oder nur schlecht wahrgenommen werden.

Gerade, wenn Sie mit Ihrem Hund Sport wie zum Beispiel Agility, Turnierhundesport oder sogar Frisbee treiben möchten, dann lassen Sie ihn unbedingt im Alter von etwa 18 Monaten röntgen, vor allem, wenn er größer als kniehoch ist. Junge Hunde können oft leichte bis mittlere HD gut mit ihrer Muskelkraft »ausgleichen« und zeigen keinerlei oder nur sehr geringe Veränderungen im Gangbild.

Außerdem besteht gerade bei sehr enthusiastischen Hunden beim Spielen, im Sport oder bei Stress die Gefahr, dass sie in ihrer Aufregung die entstehenden Schmerzen gar nicht spüren. Der Halter ist dann oft der Meinung, dass es nicht so schlimm sei, oder der Hund ihm gar »etwas vorspiele« und keine Schmerzen mehr habe, wenn er etwas macht, das ihm Spaß bereitet. Gerade bei ruhigen Hunden kann eine Röntgenaufnahme, die nur Ihrem eigenen Interesse und nicht einer Bescheinigung der Zuchttauglichkeit dient, oftmals ohne Narkose vorgenommen werden. Fragen Sie also Ihren Tierarzt und vergewissern sich, dass Ihr Hund keine Probleme in dieser Richtung hat.

des Hundes in gut 90% der Fälle die Ursachen! Und diese lassen sich weder wegoperieren noch durch eine Operation vermeiden.

Sollten Sie Besitzer eines problematischen Rüden sein, so wenden Sie sich bitte an verhaltenstherapeutische Tierärzte, um zu gewährleisten, dass die nötigen Gesundheitsuntersuchungen erfolgen können.

## 6.
## Kastrierte Hunde werden fett, faul und ändern ihr Wesen

Dieses Vorurteil hindert viele Hundebesitzer daran, ihre Hunde kastrieren zu lassen. Generell lässt sich sagen, dass ein hoher Prozentsatz der Hunde etwas heißhungriger wird, wenn sie kastriert werden. Bei einigen Hunden sinkt auch der Grundumsatz (also die benötigte Menge Energie) etwas ab. In dieser Kombination sind viele Besitzer geneigt, dem Hund, der etwas weniger Futter benötigt, mehr zu geben, weil »er mich immer so hungrig ansieht und nie satt ist«. Natürlich wird ein solcher Hund dann dick. Allerdings deshalb, weil sein Besitzer ihn nicht vernünftig und angemessen ernährt, nicht, weil er kastriert ist. Viele dieser Hunde werden dann in Folge der unvernünftigen Besitzer derart übergewichtig, dass sie sich nicht mehr bewegen können, Herz-Kreislauf-System und Gelenke sind überfordert. Dann wird der Hund als faul tituliert.

Andere Gerüchte gehen in die Richtung, dass gerade frühkastrierte Hunde kindlicher und verspielter werden. Es gibt Hundetypen, die immer kindlich und verspielt bleiben, egal ob kastriert oder unkastriert. Ich kann aus meiner Erfahrung mit vielen kastrierten Hunden keines der Vorurteile bestätigen!

Ob ein Hund, egal ob kastriert oder unkastriert, fett wird, liegt immer in der Hand der Besitzer. Wer zu viel isst, wird dick, daran lässt sich leider nichts ändern. Diejenigen Hunde, die eine eher ruhigere Mentalität haben, entwickeln diese oftmals ab einem Alter von zwei bis drei Jahren, und weil genau dieses Alter auch ein häufiger Zeitpunkt der Kastration ist, wird eventuell von einigen Hundehaltern ein Zusammenhang gesehen, wo keiner ist. Der Hund wird in diesem Alter mental erwachsen. Ich kenne etliche Rüden, die ihr Wesen nach der Kastration insofern geändert haben, dass sie keinen Urin mehr von Hündinnen auflecken, wieder lieber fressen, was sie wesentlich leichter erziehbar macht, weniger sensibel auf Umweltreize reagierten und mehr Interesse am Besitzer entwickelten. Keiner von ihnen ist jedoch fett und faul!

## 7. Welpen dürfen erst nach ihrer zweiten Impfung Kontakt mit anderen Hunden haben

Leider unterstützen sehr viele Tierärzte diese Aussage bei den Tierbesitzern massiv. Welpen bekommen mit der Muttermilch einen Schutz gegen diejenigen Krankheiten, gegen die auch die Mutterhündin immun ist. Dieser sogenannte maternale Antikörperschutz sinkt ab, je älter die Welpen werden.

In verschiedenen Ländern gibt es sehr unterschiedliche Impfschemata und es besteht keine einheitliche Meinung darüber, wann der Welpe das erste Mal gegen welche Krankheiten geimpft werden sollte.

Neuere Studien belegen, dass durch die erste und zweite Impfung bei vielen Welpen gegen wichtige Krankheiten teilweise noch kein ausreichender Impfschutz aufgebaut werden kann.

Für den Hundehalter ist jedoch wichtig zu wissen, dass viele der Krankheiten, gegen die wir unsere Hunde impfen, nicht nur von Hund zu Hund übertragen werden, sondern ein Hund sich auch in der Umwelt, zum Beispiel über das Schnüffeln von Urin oder unseren Schuhschmutz anstecken kann.

Weil ein Großteil der Hunde heute geimpft ist, sind diese Krankheiten jedoch sehr selten geworden und das Risiko, dass sich ein Welpe infiziert, ist zum Glück nicht sehr hoch.

Bewusst machen sollte sich jedoch jeder Hundehalter, dass die Zeit, die einem bleibt, um den Welpen zu sozialisieren, sehr kurz ist und genau in diesen Lebensabschnitt fällt. Sie haben nur bis etwa zur 14. Lebenswoche Zeit, Ihrem Welpen so viel Umweltinformationen wie möglich zu präsentieren.

Falls ein Welpe in dieser Zeit isoliert gehalten wird, wird das Risiko, dass er später Verhaltenprobleme entwickelt, etliche Male höher liegen, als das Risiko, sich bei anderen Hunden oder auf Umweltausflügen mit

## 9.
## Hunde darf man nicht baden oder waschen

Viele Hundehalter haben Bedenken, ihre Hunde zu baden und zu waschen. Sicherlich ist die Haut eines Hundes nicht dazu geeignet, ihn täglich zu shampoonieren und zu parfümieren. Inzwischen gibt es jedoch spezielle Hundeshampoos, die optimal auf die Haut des Hundes abgestimmt sind. Damit können Sie Ihren Hund bei Bedarf gerne waschen, vor allem, nachdem er sich in für unsere Nase nicht ganz so angenehmen Dingen gewälzt hat!

Wenn Ihr Hund einfach nur sandig und dreckig ist, können Sie ihn ohne Bedenken täglich mit klarem Wasser abspülen.

## 10.
## Wenn ein Hund mit dem Hinterteil über den Boden rutscht, hat er Würmer

Dieses Gerücht ist nur ein halbes, denn es kann bei starkem Wurmbefall durchaus zu Juckreiz in der Afterregion kommen, welcher den Hund dazu bringt, auf seinem Hinterteil »Schlitten zu fahren«. Oftmals sind bei Hunden, die dies regelmäßig tun, auch die Analbeutel verstopft oder sogar entzündet. Ihr Tierarzt kann diese leeren und bei Bedarf auch behandeln. Einige Hunde rutschen auch auf ihrem Hinterteil, wenn sie viel Gras gefressen haben (oder zu Weihnachten Lametta) und dieses sie dann hindert, ihren Kot korrekt abzusetzen.

## 1. Welpen muss man Kalzium zufüttern, damit die Knochen sich gut entwickeln

Dieses Gerücht hält sich hartnäckig und es gibt sogar Tierärzte, die Zusatzpräparate in Form von Kalziumcarbonat oder Knochenmehl verkaufen.

Wenn Sie Ihren Hund mit Fertigfutter ernähren, so ist dieses generell so zusammengestellt, dass Ihr Hund optimal mit allen Nährstoffen versorgt ist, die er benötigt. Der Grundsatz »viel hilft viel« ist im Bereich Ernährung nicht angebracht. Es gibt einige Vitamine und Mineralstoffe, bei denen eine Überdosierung durchaus Schäden nach sich ziehen kann. So wird über einen Zusammenhang von Kalziumüberdosierungen und der Entstehung von Hüftgelenksdysplasie diskutiert.

Wer seinem Welpen das Futter selbst zubereitet, sollte auf eine einigermaßen gleichmäßige Zufuhr von Kalzium achten, wobei es nicht auf eine Mikrogramm-genaue Dosierung pro Tag ankommt, sondern eher um die Zufuhr über die Woche hinweg. In diesem Fall ist es wichtig, dass Sie entsprechende Literatur lesen, um sich über die genauen Mengenangaben zu informieren.

Für Welpen, die mit einem Welpen-Fertigfutter groß gezogen werden, ist eine Zufütterung von Zusatzstoffen wie Vitamin- oder Kalziumpräparaten nicht sinnvoll und im schlimmsten Fall sogar schädlich.

## 4.
## Hunde dürfen keinen Käse bekommen, weil ihr Geruchssinn davon kaputt geht

Die Nase des Hundes ist zu geruchlichen Höchstleistungen in der Lage, die für uns als Menschen unvorstellbar sind. Dieses mysteriöse »Nasenleben« scheint Menschen zu solchen Phantasien wie diesem Gerücht anzutreiben. Es wäre ungefähr so, als ob man behaupten würde: »Kinder dürfen keine neonfarbene Kleidung tragen, sonst werden sie blind«.

Die Nase des Hundes kann man sich als gigantische Oberfläche denken, an der verschiedene Geruchsstoffe »andocken« können. An das Gehirn werden dann Informationen geliefert, welcher Geruchsstoff angedockt hat und im Gehirn wird ein bestimmtes Bild davon entstehen, was der Hund dort gerade riecht. Man nimmt an, dass Hunde sogar »stereo« riechen können: Sie sind also in der Lage, bei ankommenden gemischten Gerüchen herauszufiltern, welcher aus welcher Richtung kommt, und welcher Geruch zu wem gehört.

Bei sehr intensiven Gerüchen nimmt man an, dass ein Hund eine Art »Erholungsphase« braucht, um wieder einen neuen Geruch »speichern« zu können. Diese Phase ist jedoch sehr kurz und beträgt nur wenige Sekunden bis Minuten. Zerstört werden kann die Riechschleimhaut durch stark riechende Substanzen jedoch nicht. Durch ätzende Substanzen wie bestimmte Gase kann die Schleimhaut einen Schaden nehmen, dieser entsteht jedoch nicht durch den Geruch der Substanz, sondern durch eine mechanische Schädigung der Schleimhaut.

Wenn Ihr Hund also gerne Käse frisst, gibt es überhaupt keinen Grund, ihm diesen nicht auch zu geben!

## 5. Hunde dürfen kein Wildfleisch fressen, sonst werden sie Rehe reißen

Diese Angst scheint in vielen Köpfen sehr präsent. Ob ein Hund jagen geht und ein Reh reißt, hat einen ganz anderen Hintergrund, aber nichts mit der Ernährung zu tun.

Viele Halter von Hunden mit Jagdproblemen wären dankbar, wenn es so einfach wäre. Über ein gutes Training in Hinsicht auf Bindung, guten Rückruf und viel Training mit verschiedenen Ablenkungen sowie guter geistiger Auslastung können Sie auf jeden Fall mehr erreichen, als damit, kein Wildfleisch zu füttern. Wenn Sie Ihrem Hund Wild füttern möchten, wird sich das auf keinen Fall irgendwie auf sein Verhalten auswirken, weder das Jagdverhalten, noch irgendein anderes.

## 6.
## Von rohem Fleisch bekommen Hunde Würmer

In diesem Gerücht ist zumindest ein Funken Wahrheit enthalten. Es gibt durchaus Parasiten, deren Entwicklungsstadien im Muskelfleisch enthalten sein können. Einige wichtige davon sind zum Beispiel der Hundebandwurm (Echinococcus granulosus), Trichinellen, Toxoplasmen und Sarcocysten. Dabei verläuft der Befall des Hundes mit dem Hundebandwurm für den Hund ungefährlich und symptomfrei, eine Gefahr würde nur der Befall des Menschen darstellen.

Die Finnen dieses Bandwurms befinden sich bei Befall der Schlachttiere zumeist in Lunge, Leber und in selteneren Fällen im Herzen, nur extrem selten in Skelettmuskeln. Deswegen werden auf dem Schlachthof die sogenannten »Finnenschnitte« an jedem geschlachteten Tierkörper durchgeführt, um nach den Finnenstadien der Bandwürmer zu suchen.

Sarcocysten lassen sich durch Einfrieren des Fleisches über mehrere Tage komplett unschädlich machen. Toxoplasmen sind in Rindfleisch so gut wie nie enthalten, hier stellt Schaffleisch eine eventuelle Ansteckungsgefahr dar. Trichenellen sind nur bei Verfütterung von Bär, Kamel, Wildschwein oder Pferd eine Gefahr, wobei bei der Schlachtung von Pferden eine Trichinenuntersuchung im Schlachthof durchgeführt wird. Auch hier ist das Risiko also extrem niedrig.

Rohes Schwein sollte aufgrund des Aujetzkischen Virus, das bei Schweinen keine Erkrankung mit Symptomen hervorruft, bei Hunden und Katzen aber zum Tod führt, nicht verfüttert werden. Zwar ist dieses Virus selten, aber das Risiko sollte dennoch vermieden werden.

Würmer kann der Hund sich auf vielen Wegen einfangen, das Risiko ist sehr gering und sollte niemanden zu sehr abschrecken.

# Kapitel 3

# Gerüchte rund um die Hundeerziehung

## 1.
## Man muss einen Hund auf den Rücken werfen und ihm die Kehle zuhalten, um ihn zu strafen und ihm zu zeigen, dass man der Boss ist

Leider spielt die Rangordnung zwischen Mensch und Hund noch immer eine große Rolle in den Köpfen der Hundehalter und auch vieler Ausbilder. Möchte man das vielzitierte Wolfsrudel als Anhaltspunkt nehmen, muss man sich klarmachen, dass Rangordnungsstrukturen dort vor allem den Sinn von Fortpflanzungsregelung, Ressourcenverteilung und allen weiteren Dingen haben, die wichtig für diese Spezies sind. Nun stellen wir Menschen aber eine andere Spezies dar als unsere Hunde. Wir konkurrieren mit ihnen weder um Sexualpartner noch um Nahrung.

Selbst wenn ein Hund dumm genug wäre, zu übersehen, dass wir kein Hund sind, muss er sich fragen, welch schlechte Rudelführer wir doch sind: Wir markieren weder mit Urin unser Revier, noch interessieren wir uns für Nachbars heiße Hündin. Bei diesen Beispielen muss sicherlich jeder Leser schmunzeln. Trotzdem ist fast jeder Hundehalter fest davon überzeugt, dass sein Hund ständig Pläne schmiedet, wie er heute die Herrschaft über seine Familie erlangen könnte und morgen über die ganze Welt.

Neben der Tatsache, dass wir Menschen sind, unsere Hunde aber Hunde und sie uns auch nicht als Hunde sehen, spricht aber noch einiges mehr gegen die Theorie der hierarchischen Rangordnung zwischen Mensch und Hund.

Hunde sind keine Wölfe. Die Eins-zu-Eins Übertragung der wölfischen Verhaltensweisen auf Hunde wird in letzter Zeit immer häufiger kritisiert, denn Hunde scheinen sich in eine andere Richtung und mit anderen Verhaltensschwerpunkten entwickelt zu haben als Wölfe. Die Vorgänger unserer heutigen Hunde haben in den ersten menschlichen Siedlungen eine ökologische Nische vorgefunden, in der sich ein guter Lebensraum für solche Tiere fand, die zufällig eine genetisch bedingte höhere »Zahmheit« aufwiesen als andere. Diese Tiere konnten dort als Einzelgänger leben. Relativ schnell selektierten sich so zahmere Tiere her-

## 2.
## Man muss immer als Erster durch die Tür gehen, damit der Hund einen als »Alpha« erkennt

Dieser Tipp steht stellvertretend für viele andere »moderne« Tipps. Es scheint so, als wäre mit solchen Ratschlägen im Laufe der Zeit die »harte« Unterordnung der Hunde (zum Beispiel durch »Schnauzengriff« oder Werfen auf den Rücken) durch eine »sanfte« Herangehensweise abgelöst worden. Dazu gibt es dann eine Reihe an Verhaltensregeln, die das Zusammenleben mit dem Hund verbessern sollen.

Die Darstellung unserer Rangordnungsherrschaft geschieht nun über die psychologische Demonstration von Macht. Wir haben bessere Liegeplätze (der Hund darf nicht aufs Sofa oder ins Bett), wir essen zuerst und wir gehen zuerst durch die Tür. Natürlich kommen diese Tipps entweder gleich vorbeugend gegen Verhaltensprobleme (»damit er nicht aggressiv wird«) oder aber wenn das Kind schon in den Brunnen gefallen ist (»Dein Hund bellt an der Leine andere Hunde an? Dann muss er dringend rangreduziert werden«). Es wäre ja schön, wenn es so einfach wäre.

Leider sind jedoch Verhaltensauffälligkeiten unserer Hunde sehr vielschichtig und stellen immer eine Mischung aus einer aktuellen Gefühlslage, erlernten Komponenten durch Reaktionen von Umwelt und Besitzer, Sozialisation und Lernen im Welpenalter und vielen anderen Dingen dar. Wenn es so einfach wäre, fragt man sich berechtigterweise, wieso gibt es dann überhaupt Hunde mit Problemen?

Solche starken Vereinfachungen sind leider nicht ganz ungefährlich. Nun wenden Sie vielleicht ein: »Aber bei unserem Hund hat es geholfen!«

Nun, bei Ihrem Hund hätte es auch geholfen, wenn Sie alles in umgekehrter Reihenfolge gemacht hätten: Wenn Sie konsequent und penibel genau darauf geachtet hätten, dass er immer zuerst isst, immer zuerst durch die Tür geht und gezwungen wird, auf dem Sofa zu schlafen.

M. BLANK 06

## 4.
## Dackel sind stur und Terrier nicht erziehbar

Wie bereits eingangs erwähnt, gibt es solche Gerüchte für fast jede Rasse jenseits des Hütehundspektrums.

Schade finde ich persönlich, dass diese Gerüchte pauschal als Ausreden dafür benutzt werden, einen Hund dieser Rassen weder zu erziehen noch zu sozialisieren, geschweige denn artgerecht zu beschäftigen.

Einen Hund als »stur« abzustempeln unterstellt ihm das Ich- Bewusstsein, um aktiv mit böser Absicht bestimme Dinge zu tun.

Zum Glück ist dies allein uns Menschen möglich. Hunde verhalten sich so, wie sie es gelernt haben. Ob sie dabei nur von der Umwelt passiv lernen, ohne dass wir es merken, oder ob wir sie aktiv ausbilden, bleibt uns überlassen.

Einen Hund auszubilden erfordert einige Grundkenntnisse. Als Erstes muss einem Hund vermittelt werden, was ein bestimmtes Wort bedeutet. Viele Menschen scheinen zu glauben, dass Hunde mit dem Verständnis unserer Vokabeln auf die Welt kommen. Man kauft sich also einen Welpen und ruft einfach »Komm« oder sagt »Fuß«. Leider könnte man genauso gut »Waschmaschine« und »Telefonzelle« sagen, das hätte für den Hund den gleichen Informationswert! Wörter (also Lautsprache) zu erlernen, ist für Hunde extrem schwierig, denn sie orientieren sich viel stärker an unserer Körpersprache. Über Handzeichen und Körpersprache zu arbeiten, ist für unsere Hunde viel einfacher.

Hunde lernen durch Verknüpfen: Wenn Sie »Hier« rufen, während Ihr Hund auf Sie zurennt, wird er irgendwann (dazu braucht es etwa viertausend Wiederholungen!) diese beiden Ereignisse miteinander verknüpfen: »Hier« = zu meinem Mensch rennen. Dann erst können Sie »Hier« rufen, damit Hund kommt. Der Hund hat das Kommando erlernt.

Nun wird der Hund dieses Verhalten aber nur dann zuverlässig zeigen, wenn es sich für ihn lohnt. Hunde tun immer das, was sich für sie lohnt, beziehungsweise das, was Schaden vermeidet. Als Anreiz, etwas zu tun, kann man dem Hund nun zwei Möglichkeiten bieten:

1. Tu es, weil es sich für dich lohnt.
2. Tu es, weil du Schaden nimmst, wenn du es nicht tust.

Alle Terrier und Dackel die ich bisher kennen gelernt habe, waren extrem schlau. Sie hatten schnell gelernt, dass Frauchen:

a) Dinge redet, die man als Hund nicht versteht,
b) es sich nicht lohnt, auf sie zu achten.

Diese Hunde gehen also ihren eigenen Weg und tun die Dinge, die sie in ihrem Leben als lohnenswert und spaßig erachten. Und schon gelten sie als schwer erziehbar, stur oder gar dumm.

Sie lernen genauso schnell oder langsam wie jeder andere durchschnittliche Hund. Vielleicht sind sie schwerer motivierbar und brauchen für eine ebenso gute Zusammenarbeit wie ein Hütehund vielleicht bessere, einfallsreichere Belohnungen oder eine striktere Ressourcenkontrolle. Das liegt jedoch alles in unserer Hand. Es ist also gemein und auch unwissend, einen Hund oder sogar sofort eine ganze Rasse als »stur« abzustempeln.

## 6. Nackenschütteln als Erziehungsmaßnahme ahmt das Verhalten der Mutterhündin nach

Ich kann mir vorstellen, dass dieses Gerücht eventuell aus der Tatsache entstanden ist, dass Hundemütter ihre Welpen in der ersten Zeit manchmal am Nacken tragen, wenn sie noch sehr klein sind. Keine Hündin mit normalem Sozialverhalten wird aber jemals ihre Welpen schütteln. Ein Schütteln am Nacken stellt eher ein Totschütteln von Beute dar – dies wäre also kein besonders freundlicher Umgang mit dem Nachwuchs. Zur »Erziehung« der Welpen nutzt eine Hündin dieses Verhalten nicht.

Und selbst wenn wir es als Menschen nachahmen wollten, müssten wir wohl auch mit den Zähnen das Nackenfell unseres Hundes packen. Wie bereits oben erwähnt ist die Abstrahierung Mensch = Hund schon sehr unwahrscheinlich, aber dazu dann noch die Abstrahierung Menschenhand = Mamas Zähne doch geradezu lächerlich.

Sie machen Ihrem Hund mit solchen Maßnahmen nur unnötig Angst, werden unberechenbar für ihn und Ihr Vertrauensverhältnis wird zerstört.

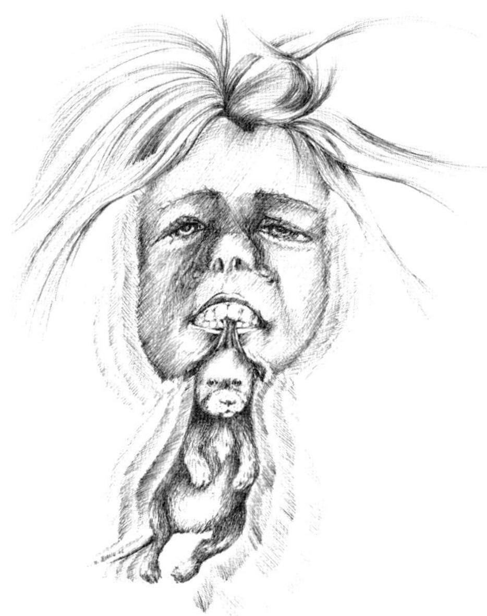

## 7.
## Die Stacheln eines Stachelhalsbandes ahmen die Zähne der Mutterhündin nach

Dies scheint eine Rechtfertigung der Ausbilder und Hundehalter, die ihren Hund über die Schmerzen mit diesem Halsband erziehen möchten. Wenn nicht dieses Argument kommt, dann meist ein anderes wie zum Beispiel »aber sonst zieht er so, anders begreift er es nicht« oder »anders kann ich ihn nicht halten«.

Dass ein Metallinstrument am Hals ohne jeglichen Zusammenhang vom Hund nicht mit Zähnen seiner Mutter verwechselt werden kann, sollte eigentlich jedem klar sein. Hunde haben wirklich keine Möglichkeit, Dinge derart zu abstrahieren.

Wenn ein Hund an der Leine zieht, so ist dies ein erlerntes Verhalten: Der Besitzer selbst hat es dem Hund antrainiert. Der Hund möchte ein Ziel erreichen und zieht ein bisschen. Der Mensch realisiert dies nicht und folgt dem Hund mit gespannter Leine. Folglich lernt der Hund, dass das Ziehen ihn schneller ans Ziel führt. So trainiert der Halter den eigenen Hund darauf, immer stärker zu ziehen. Stress und schlechte Auslastung verstärken dieses Verhalten in bestimmten Situationen dann zusätzlich.

## 11. Kleine Hunde müssen nicht erzogen werden

Einen kleinen Hund zu halten scheint oftmals ein Freifahrtschein dafür zu sein, sich an keine Regeln halten zu müssen. Selbst wenn Hunde kleiner Rassen Problemverhalten wie Aggressionen oder Jagen von Joggern und Radfahrern zeigen, wird dieses oftmals nur belächelt.

Aber auch kleine Hunde können durch Beißvorfälle Schaden anrichten! Jeder Kleinhundehalter sollte außerdem bedenken, dass es nicht niedlich ist, wenn ein Hund kläffend in der Leine hängt, er will damit auch nicht »den Starken markieren«, sondern er hat großen Stress und meistens Angst. Das ist für den Hund keine schöne Situation.

Ein Hund einer kleinen Rasse muss genauso sozialisiert werden und lernen, mit Konflikten umzugehen, wie ein großer Hund. Ich würde mir wünschen, mehr Kleinhundehalter zu sehen, die sich verantwortungsvoll Gedanken um die Erziehung machen. Wenn allein die Angst, einen größeren Hund später nicht mehr halten und kontrollieren zu können der Grund ist, sich Gedanken um die Erziehung zu machen, ist dies sehr schade. Einen Hund zu erziehen bedeutet einfach nur, etwas über sein Verhalten zu lernen und sich aktiv mit ihm zu beschäftigen. Das Recht auf eine solche Behandlung haben meines Erachtens Hunde aller Rassen und Größen.

## 12.
## Man darf einen Hund nie mit der Hand, sondern nur mit einer Zeitung schlagen

Man darf ein Lebewesen überhaupt nicht schlagen!

Dieses Gerücht wird damit begründet, dass der Hund dann keine Angst vor der Hand seines Herren bekäme. Hunde lernen jedoch extrem kontextbezogen, das bedeutet, dass sie alle Umweltreize mit der Situation verknüpfen können, die sie in diesem Augenblick wahrnehmen.

Mit den aufkommenden Schmerzen, der Angst und dem Stress werden also dann der Besitzer, die Zeitung und alle anderen möglichen Dinge (zum Beispiel Geräusche, Gerüche, Personen die im Raum sind) verknüpft. Dies kann zu einem extrem verstörten Hund mit immer stärker werdenden Problemen führen.

Aber wie soll man einen Hund denn dann bestrafen?

Erstens gilt für Hunde das gleiche wie für Kleinkinder: Mit einem guten Management sind die meisten Probleme zu vermeiden. Aber ausgerechnet bei Welpen neigen Hundebesitzer gerne zum Bestrafen, wenn der Kleine Teppiche oder Stühle ankaut, Wäsche oder Schuhe stiehlt und dergleichen mehr.

Mein Lieblingsbeispiel zu diesem Thema ist, dass niemand, der ein Kind hat, welches gerade zu laufen beginnt, Steakmesser auf dem Couchtisch liegen lässt. Und warum nicht? Das Kind könnte sich verletzen. Niemand käme darauf, das Kind jedes Mal mit einer Zeitung zu schlagen, wenn es nach etwas greift.

Ein Hund entspricht vom geistigen Niveau her aber dem eines Kleinkindes.

Deshalb heißt das Geheimnis: Gutes Management. Mit einer Hundebox als Ruheort und ansonsten guter Kontrolle, dem Anbieten von alternativen Kauartikeln und guter geistiger Auslastung, Belohnung für richtiges Verhalten und freundlicher Erziehung werden kaum Situationen auftreten, in denen Strafe nötig ist. Strafe bedeutet immer, den Hund erst einen Fehler machen zu lassen und dann zu sagen, dass es falsch war. Nun sind Hunde extrem schlecht im Abstrahieren und können nicht logisch denken oder im Nachhinein über Situationen nachdenken, um nächstes Mal anders zu handeln.

Damit der Hund aus der Strafe lernen kann, dass dieses Verhalten nicht noch einmal gezeigt werden soll, müssen drei Punkte erfüllt sein:

1. Die Strafe muss binnen einer Sekunde, am besten sofort im Ansatz zum Verhalten erfolgen
2. Die Strafe muss hart genug sein, damit der Hund das Verhalten sofort unterbricht
3. Die Strafe muss immer erfolgen, wenn der Hund das Verhalten zeigt und zwar unter Einhaltung von Punkt 1 und 2. Das bedeutet, auch wenn Sie nicht zu Hause sind, Oma mit dem Hund rausgeht etc.

Ich kenne kaum Situationen, in denen diese Punkte abgedeckt wären.

Die meisten Hundehalter sind nicht in der Lage, ihren Hund zeitgenau zu belohnen und da ist es geradezu leichtsinnig, sich dann an Strafe wagen zu wollen. Beim Belohnen zum falschen Zeitpunkt ist das Risiko gering, Schaden anzurichten. Durch entstehende mögliche Fehlverknüpfungen ist jedoch das Risiko bei Anwendung von Strafe sehr groß und sollte weitgehend vermieden werden. Dabei ist es egal, ob man schlägt, an der Leine ruckt, den »Schnauzengriff« anwendet, den Hund am Nacken schüttelt oder ihn auf den Rücken wirft, mit Wurfketten oder Klapperdosen nach ihm schmeißt oder mit Strom- oder Sprühhalsbändern arbeitet: Man kann nie wissen, was der Hund damit verknüpft.

## 13.
## Man soll Welpen einen alten Schuh zum Kauen geben

Diesem Gerücht zufolge soll sich mit dem alten Schuh die Bindung zum »Herrn« herstellen lassen. Auf jeden Fall eine lustige Theorie!

Wenn Sie aber nicht möchten, dass Ihr Hund später Ihre sämtlichen Schuhe zerkaut, sollten Sie sie lieber nicht ausprobieren.

Hunde unterscheiden nämlich leider nicht zwischen alt und neu. Ein solcher Hund wird mit hoher Wahrscheinlichkeit Ihre Schuhe zerkauen, wann immer er sie zu fassen bekommt. Dabei kann dann auch mal ein paar Gucci-Schuhe dran glauben müssen!

Vermeiden Sie solche Probleme lieber von vornherein, indem Sie dem Hund für ihn geeignete Kauobjekte wie zum Beispiel einen Kong oder Rinderkopfhaut anbieten und ihn in der Welpenzeit gut überwachen, damit er solche unerwünschten Verhaltensweisen gar nicht erst etablieren kann.

Die Bindung des Hundes bauen Sie nicht durch alte Schuhe, sondern durch gutes Trainieren mit viel Belohnung und berechenbarem und fairem Verhalten von Ihrer Seite auf. Dazu gehört vor allem, unberechenbare Attacken in Form von »Strafe« oder »Unterordnung« sowie Leinenrucks und körperliche Manipulation zu unterlassen.

## 14.
## Wenn ein Welpe ins Haus gemacht hat, muss man ihn mit der Nase reinstubsen

Dieses Gerücht ist sehr gemein, denn Hunde haben eine sehr empfindliche Nase und es ist sehr unangenehm für sie, in ihre eigenen Exkremente getaucht zu werden. Wieder gilt der Vergleich: Niemand käme auf die Idee einem Kleinkind, das gerade lernen soll, auf die Toilette zu gehen, den »Unfall« in der Hose um die Ohren zu schlagen.

Damit ein Welpe stubenrein wird, ist es notwendig, etwa alle ein bis zwei Stunden mit ihm nach draußen zu gehen und ihn zu loben, wenn er sich auf Gras oder Erde löst. Nachts bietet die Box eine gute Möglichkeit, den Welpen besser stubenrein zu bekommen und ihm beizubringen, sich zu melden, wenn er sich lösen muss. Hunde lösen sich nämlich nicht auf ihrem Schlafplatz.

Den Welpen für ein Lösen im Haus zu bestrafen, kann in ungünstigen Fällen zu schwerwiegenden Problemen mit Stubenreinheit führen. Ein Hund könnte zum Beispiel verknüpfen: »Es ist gefährlich, sich zu lösen, wenn Herrchen in der Nähe ist« – und sich folglich weder draußen noch drinnen lösen, solange Sie dabei sind, sondern nur noch, wenn Sie nicht dabei sind.

Oder er verknüpft, dass es gefährlich ist, sich offen im Wohnzimmer zu lösen und beginnt, den Raum zu verlassen, um sich versteckt zu lösen. Die Möglichkeiten von Fehlverknüpfungen sind groß.

Wer dem Welpen eine Chance gibt, zu lernen, wo er sich lösen soll und ihm die Möglichkeit gibt, dies sehr regelmäßig zu tun, wird keine Probleme mit Stubenreinheit bekommen.

# Kapitel 4

# Gerüchte rund um das Hundeverhalten

## Achtung:

Bei denjenigen Vorurteilen und Gerüchten, die sich auf eine bestimmte Hunderasse beziehen, habe ich diejenige Rasse für das Gerücht gewählt, der dieses am häufigsten angehängt wird. Leider gibt es diese Vorurteile für viele weitere Rassen genauso. Die Erklärung bleibt jedoch mehr oder weniger immer dieselbe.

## 1.
## Schäferhunde sind immer bissig

Ich könnte mir vorstellen, dass gerade dem Schäferhund diese Eigenschaft nachgesagt wird, weil er oftmals als Schutz- und Wachhund eingesetzt wird und wurde.

Generell gibt es keine Rasse, die pauschal immer bissig ist. Ob ein Hund Aggressionen gegen Menschen entwickelt, ist von sehr vielen Faktoren abhängig. Zum einen davon, wie der Hund beim Züchter großgeworden ist und wie viele positive Erfahrungen er mit Menschen schon dort gemacht hat. Ein weiterer wichtiger Punkt sind positive Erfahrungen mit verschiedensten Menschen beim neuen Besitzer.

## 4. Beutespiele machen dominant

Auch hier finden wir wieder ein Gerücht, in dem das Wort »dominant« als »nach Macht strebend, in der Rangordnung nach oben strebend und somit schwierig« missbraucht wird.

Dass Hunde diese »Idee« nicht haben, wurde bereits in anderen Gerüchten mehrfach erklärt.

Trotzdem möchte ich gern noch einige Worte zum Thema »Beutespiele« sagen. Mit dem Hund zu spielen ist eine der wunderbarsten Dinge, die der Hundehalter dem Hund bieten kann. Nicht alle Hunde spielen gern, doch kann man die meisten Hunde mit etwas Übung dazu animieren. Zerrspiele sind besonders bei Terrierrassen meist sehr beliebt. Wer mit seinem Hund regelmäßig spielt, stärkt die Bindung und hat in seiner »Trickkiste« immer noch etwas außer Futter, womit der Hund zur Koope-

ration motiviert werden kann. Ein Hundehalter, der dem Hund Unterhaltung und Spaß bietet, ist viel spannender, der Hund hat somit viel weniger Grund, wegzulaufen, jagen zu gehen oder sich andere, unerwünschte Tätigkeiten zu suchen. Trotzdem sollte es im Spiel immer einige Regeln geben.

Sehr wichtig ist es zum Beispiel, das Kommando »Aus« zu trainieren, damit Sie dem Hund das Spielzeug wieder abnehmen können, ohne mit ihm in Konflikt zu geraten. Dies können Sie trainieren, indem Sie mit dem Hund tauschen. Bringen Sie ihm bei, dass er im Tausch für das Loslassen des Spielzeuges immer etwas besonders Leckeres oder ein anderes Spielzeug bekommt.

Dies ist ein wunderbares Beispiel für kontextbezogenes Lernen der Hunde. Der Hund hat die ersten Male eine Strafe bekommen, während der Müll am Boden lag (der Hund kann sich an das Ausräumen nicht mehr erinnern). Das bedeutet, der Hund hat gelernt »Herrchen kommt rein + ich im Raum + Müll am Boden = Gefahr.«

Mit der unterwürfigen Körperhaltung versucht er, Herrchen zu beschwichtigen und die Strafe abzuwenden. Sie glauben mir nicht? Probieren Sie es aus:

Lassen Sie jemanden in Ihrer Abwesenheit den Müll am Boden verteilen, während der Hund dabei ist. Dann lassen Sie den Hund kurz allein. Kommen Sie als Hundehalter herein, zeigen auf den Müll und fragen Sie wütend »Was hast du wieder angestellt?«. Ihr Hund wird garantiert das vermeintliche »schlechte Gewissen« zeigen.

## 7.
## Golden Retriever sind immer nett, kinderlieb, brav und leicht erziehbar

Diese Attribute werden vielen Rassen zugeschrieben, aber der Retriever generell scheint als der perfekte Familienhund vermarktet zu werden. Leider ist daraus ein wahrer Boom entstanden, der der Rasse mehr geschadet als genutzt hat.

Alle Retrieverrassen sind Hunde, die für den jagdlichen Gebrauch gezüchtet wurden. Sie sollen zwar weniger selbständig und mehr mit dem Menschen arbeiten, aber es sind Hunde, die Beschäftigung brauchen. Vielleicht sind sie relativ leicht motivierbar und kooperieren gern mit dem Menschen, dennoch muss man ihrer Erziehung Zeit widmen und sich einiges Wissen aneignen, um ihnen ein artgerechtes Leben zu ermöglichen.

Das Attribut »kinderlieb« ist eines, bei dem sich mir die Nackenhaare aufstellen. Die meisten Familien verstehen darunter übersetzt »muss sich von Kindern alles gefallen lassen.« Jeder Welpe, der gut und geregelt mit Kinden sozialisiert aufwächst, wird mit diesen Kindern nett umgehen. Dazu benötigt es aber Erziehung und Konsequenz sowohl des Hundes als vor allem auch der Kinder. Hunde sind Lebewesen, die ein Schmerzempfinden und eine Individualdistanz haben. Das bedeutet, dass sie durchaus auch das Recht haben, sich einem Kind zu entziehen und wenn dieses es nicht in Ruhe lässt, auch zu knurren und zu schnappen. Bei solchen »Problemen« wird dann gerade der Golden Retriever gern eingeschläfert, denn er muss einen Gehirntumor haben, wenn er »so etwas« macht.

Jeder Hund, egal welcher Rasse, benötigt eine konsequente und freundliche Erziehung und eine Familie, die ihn beschäftigt und mit ihm spazieren geht. Von nichts kommt nichts, schon gar nicht bei einem ursprünglichen Jagdhund.

## 8.
## Hunde, die bellen, beißen nicht

Ein uraltes Gerücht aus Uromas Zeiten, das dazu dienen soll, vor allem Kindern die Angst zu nehmen. Wenn Hunde sich entscheiden, in einer bestimmten Konfliktsituation mit Aggression zu reagieren, kann diese in unterschiedlichen Abstufungen auftreten:

Optisches Drohfixieren – Lefzen hochziehen – Knurren – Bellen – Schnappen – Beißen.

Dabei zeigen einige Hunde nur kurze »Vorwarnungen«, die von einem ungeübten Auge extrem leicht übersehen werden können, und andere Hunde warnen lange und gründlich, bevor sie entgültig beißen. Niemals sollte man von irgendeinem Hund sagen, dass er garantiert nicht beißt. Hunde sind Lebewesen und bleiben damit immer zu einem kleinen Stück unberechenbar.

Ein Hund, der bellt, hat sicherlich einen Grund dazu. Je nach Körperhaltung kann es ein drohendes Verbellen sein, bei welchem es nicht unwahrscheinlich ist, auch gebissen zu werden wenn man sich dem Hund weiter nähert. Die Körpersprache des Hundes kann Aufschluss darüber geben, ob der Hund zu aggressiver Handlung bereit ist. Die Körperhaltung zu lesen erfordert aber viel Übung und kann von unerfahrenen Hundehaltern sehr schnell fehlinterpretiert werden, von hundeunerfahrenen Menschen ganz zu schweigen. Für Kinder gibt es inzwischen immer mehr Besuchsgruppen, die mit Hunden in die Schulen gehen, um den Kindern einige »Benimm«-Regeln Hunden gegenüber beizubringen. Somit können Missverständnisse zwischen Hund und Kind besser vermieden werden.

## 9.
## Hunde, die mit dem Schwanz wedeln, sind freundlich

Auch dieses Gerücht kann zu schweren Missverständnissen führen. Es gibt sehr viele verschiedene Arten, auf die ein Hund wedeln kann.

Ein unsicherer Hund wedelt oft mit eingeklemmtem Schwanz, es handelt sich also dort eher um ein unterwürfiges Wedeln. Auch Hunde mit aggressiver Haltung wedeln oftmals mit steil aufgestelltem oder waagerecht abgehaltenem Schwanz.

Generell bedeutet Schwanzwedeln erst einmal: Ich bin aufgeregt. Dies kann sowohl positiv als auch negativ belegt sein. Durch Beobachten des eigenen Hundes stellt man schnell fest, dass er eine Bandbreite an »Wedel-Varianten« beherrscht, die er zu verschiedenen Anlässen benutzt. Wenn ein Hund sich wirklich freut, kann man das an der ganzen Körperhaltung erkennen. Meistens wackelt der ganze Hund.

Wie immer beim Lesen von Hunden ist es die Körpersprache des gesamten Hundes, die Aufschluss darüber gibt, ob er wedelt, weil er sich freut und freundlich ist oder ob eine andere Erregungslage der Grund ist.

Man sollte sich jedoch auf keinen Fall pauschal darauf verlassen, dass ein Hund freundlich ist, nur weil er wedelt, egal, wie es an der Vorderseite aussieht.

## 10.
## »Das machen die unter sich aus, da passiert schon nichts.«

Diesen Spruch hören vor allem Kleinhundebesitzer immer besonders gern. Vor allem Besitzer von Hunden, die eher ruppig mit Artgenossen umgehen und oftmals Streit provozieren stehen dann unbeteiligt daneben und sind sicher, dass das alles normal sei und »die das schon ausmachen.« Es heißt dann, die Rangordnung müsse halt geklärt werden.

Fremde Hunde, die sich einmal treffen, bilden aber gar keine Rangordnung aus. Eine Rangordnung ist eine Art familiäre Strukturierung zwischen zusammenlebenden Mitgliedern.

Leider sind nicht alle Hunde gut mit Artgenossen sozialisiert und haben gelernt, Rücksicht zu nehmen und gerade mit kleineren Rassen vorsichtig umzugehen.

Eine einzige schlechte Erfahrung aus Sicht des kleineren Hundes (zum Beispiel überrannt werden, umgeschubst werden) kann zu großer Angst führen. Vielleicht löst der kleinere Hund diese Angst mit Aggression und beginnt zu bellen – dann heißt es wieder »typisch kleine Kläffer«, obwohl mit etwas Rücksichtnahme und Verstand solche Entwicklungen vermeidbar sind.

Damit will ich auf keinen Fall sagen, dass Hunde keinen Kontakt miteinander haben sollen. Aber vergleichen wir es doch einmal mit einer Kindergruppe: Wenn ein Kind (aus welchen Gründen auch immer, sei einmal dahin gestellt) aggressive Tendenzen zeigt und auf Ihr Kind losgeht, werden Sie nicht sagen »Ach, das muss mein Kind abkönnen« und Ihr Kind immer wieder mit diesem Kind spielen lassen. Auch bei Kindern kontrollieren Sie den Freundeskreis in gewissen Maßen. Mit etwas Fingerspitzengefühl und Beobachtungsgabe können Sie lernen, andere Hunde und Ihren eigenen Hund zu lesen. Schon beim Aufeinandertreffen werden in der Entfernung Signale gesendet. Ein Hund muss nicht jeden Hund begrüßen, den er trifft. Ein neutrales aneinander Vorbeilaufen ist oft sinnvoller, als vollkommen fremde Hunde zu zwingen, sich miteinander

## 15.
## Hund und Katze vertragen sich nicht

Ein Problem ist sicherlich, dass Hunde und Katzen eine recht unterschiedliche Körpersprache haben. Allerdings ist sie nicht so unterschiedlich wie die von Mensch und Hund. Und haben Sie schon einmal das Gerücht gehört »Mensch und Hund vertragen sich nicht«? Dabei kann ich darin fast noch mehr Wahrheit entdecken...

Immerhin haben Hunde und Katzen Fell, vier Beine, einen Schwanz und ähnliche Gesichtsmimik, außerdem benutzen beide keine Lautsprache, sondern Körpersprache zur Kommunikation.

Gar kein Problem ist das Ganze dann, wenn beide sich als Welpen kennen lernen. Oder die Katze Hunde kennt und ein Welpe ins Haus kommt. Schwieriger sind Fälle, bei denen die Katze bisher ohne Hunde gelebt hat und dann ein Hund dazukommt. Besonders dramatisch eskalieren die ersten Begegnungen vor allem dann, wenn der Hund auch keine Katzen kannte. Besonders wichtig für die Katze ist, dass sie einen Rückzugsort hat, an den der Hund nicht nachkommen kann. Am besten ist ein Raum, der anfangs mit Hilfe einer Türkette so gesichert wird, dass der Hund nicht hindurchpasst, eventuell geht auch eine Katzenklappe. Sinnvoll wäre es, den Hund bei den ersten Begegnungen anzuleinen, um zu vermeiden, dass er der Katze nachhetzt und Spaß daran findet. Belohnen Sie dann Hund und Katze, wenn sie sich ruhig verhalten. Wenn man den Tieren genügend Abstand und genügend Zeit gibt, gibt es nur selten Fälle, in denen ein Zusammenleben nicht problemlos möglich ist.

## 16. Es ist normal, dass eine Hündin ihre Welpen verteidigt

Leider ein Gerücht, mit dem manche Hunde-Vermehrer das aggressive Verhalten ihrer Hündinnen gegen Besucher rechtfertigen und dann die Hündin wegsperren.

Wenn man einen menschenfreundlichen Hund bekommen möchte, sollte man darauf achten, dass auch die Elterntiere keine Probleme gegen Menschen zeigen. Selbst im günstigsten Fall, wenn die Hündin aufgrund mangelnder Sozialisation oder schlechter Erfahrung Probleme mit Menschen hat, ist das Risiko hoch, dass die Welpen in den acht Wochen, die sie bei der Mutter sind, dieses Verhalten von ihr lernen.

Schlimmer noch der Fall, dass die Hündin eine genetische Neigung dazu hat, schnell bei Ängstlichkeit mit Aggression zu reagieren und vielleicht sogar genetisch bedingt ein ängstlicherer Typ ist, kann man nur mit extrem guter Sozialisation aus einem solchen Welpen einen gut verträglichen Familienhund machen. Handelt es sich um eine Hündin, die generell dazu neigt, Dinge zu verteidigen, ist auch Vorsicht geboten, denn gerade territoriale Aggressivität ist zu einem recht großen Teil genetische Veranlagung und wird oft an die Welpen weitergegeben. Die Wahl einer geeigneten Mutterhündin kann nicht Thema dieses Buches sein, aber achten Sie darauf, dass die Hündin freundlich gegenüber Besuchern ist.

## 17. Wenn man von einem Hund bedroht wird, soll man ihm in die Augen schauen und keine Angst zeigen

Das ist wohl so ziemlich der schlechteste und gefährlichste Tipp, den man geben kann. Einem Hund in die Augen zu schauen, stellt für diesen eine offensichtliche Bedrohung dar. Wenn dieser Hund nun eh schon entschlossen hatte, Sie zu bedrohen und Ihnen mit aggressiver Haltung entgegentritt, kann es gefährlich enden, wenn Sie Ihrerseits Drohgebärden zurücksenden. Ein besserer Rat wäre es, sich langsam zu bewegen, sich abzuwenden und in einem Bogen wegzubewegen. Dabei sollten Sie hastige Bewegungen vermeiden und die Arme unbedingt entspannt hängen lassen.

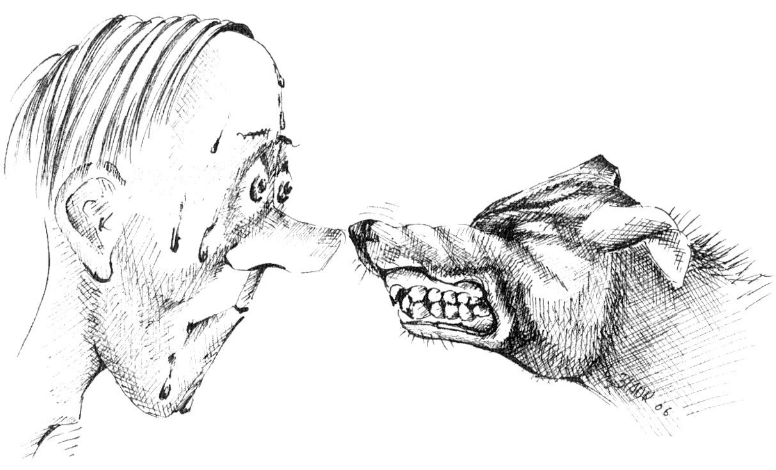

## Wir empfehlen zum Weiterlesen folgende Bücher aus unserem Verlag:

Weitere Bücher der Autorin:

- Imke Niewöhner, **Auf ins Leben! Grundschulplan für Welpen**
  ISBN 3-938071-02-8, EUR (D) 16,90 EUR (A) 17,40 CHF 30,10
- Imke Niewöhner, **Obedience-Training Schritt für Schritt – Mit positiven Methoden zum Turniererfolg**
  ISBN 3-938071-17-6, EUR (D) 16,90 EUR (A) 17,40 CHF 30,10

Bücher zu in diesem Buch angesprochenen Themen:

- Dr. med. vet. Pasquale Piturru, **Lassie, Rex & Co. klären auf: So wollen wir verstanden werden!**
  ISBN 3-933228-98-0, EUR (D) 19,90 EUR (A) 20,50 CHF 34,90
- Guthrie, Lane u. a., **Das große Buch der Hundegesundheit**
  ISBN 3-933228-79-4, EUR (D) 29,80 EUR (A) 30,70 CHF 52,10
- Olga van Boekel, **Mensch, Hund! Ein roter Faden durch die Hunde-Grundschule**
  ISBN 3-93807121-4, EUR (D) 9,90 EUR (A) 10,20 CHF 18,10
- Messika/Schäfer, **B.A.R.F. – Artgerechte Rohernährung für Hunde**
  ISBN 3-938071-11-7, EUR (D) 12,90 EUR (A) 13,30 CHF 23,50
- Nina Taphorn, **Von der Straße auf die Couch – Streuner aus dem Süden als Familienhunde**
  ISBN 3-938071-10-9, EUR (D) 9,90 EUR (A) 10,20 CHF 18,10
- Dr. Sophia Yin, **Wie der Mensch, so sein Hund – Erziehungsprogramm für Hundehalter**
  ISBN 3-938071-13-3, EUR (D) 19,90 EUR (A) 20,50 CHF 34,90
- Patricia B. McConnell, **Das andere Ende der Leine – Was unseren Umgang mit Hunden bestimmt**
  ISBN 3-933228-93-X, EUR (D) 19,90 EUR (A) 20,50 CHF 34,90

... und wenn Ihnen die Illustrationen besonders gut gefallen haben:

- Martin Blank, **So ein Hundeleben – Aus der Sicht eines Dackels**
  ISBN 3-933228-77-8, EUR (D) 14,90 EUR (A) 15,40 CHF 26,80
- Martin Blank, **Hundsgemeinheiten**
  ISBN 3-938071-07-9, EUR (D) 14,90 EUR (A) 15,40 CHF 26,80
- Martin Blank, **BildSaTiere**
  ISBN 3-938071-25-7, EUR (D) 14,90 EUR (A) 15,40 CHF 26,80

Kynos Verlag Dr. Dieter Fleig GmbH
Am Remelsbach 30 • D - 54570 Mürlenbach
Fon: +49 (0) 6594 653 • Fax: +49 (0) 6594 452
e-mail: info@kynos-verlag.de • web: www.kynos-verlag.de